80에 쓰는 참회록

80에 쓰는 참회록

임진영 첫 시집

머리말

사람은 언제 누구를 만나느냐에 따라 운명이 달라집니다. 시인대학 12기에서 박종규 시인 목사님을 만난 것은 나에게 행운이고 축복이었습니다.

"시인이 되기 전에 사람이 되라"는 말씀은 큰 가르침이 되었습니다.

내 나이 80이 되면서 무언가 글로 남기고 싶은 바람은 있었으나 엄두가 나지 않았는데 박종규 교수님의 가르침으로 부족한 시를 써 보았습니다.

특히, 평소에 관심이 많았던 조선왕릉에 대한 내용을 서사시적으로 쓰게 된 것도 큰 기쁨이었습니다. 유네스코가 세계문화유산으로 지정한 문화재를 깊이 있게 공부하는 계기가 되었습니다.

시를 배우고 쓰면서 알게 된 것도 많고, 남다른 생각도 갖게 되었습니다. 특히, 사물이나 자연 현상을 관심과 애정을 갖고 새로운 눈으로 바라보게 되면, 이러한 새로운 시적 체험이 시 쓰기에 많은 도움이 된다는 사실 말입니다.

경제학을 공부하고 은행과 기업체에서 경영에 참여하고, 경영컨설팅 업무를 수행하며 대학에서 경제학을 가르친 경험을 살려 경제 경영에 대한 시도 몇 편 실었습니다.

이 부족한 시집이 나오기까지 지도해 주신 박종규 교수님, 표지 디자인과 글자를 써주신 손두형 화백, 시인대학 12기 회원 여러분께 진심으로 감사 드립니다.

2025년 여름에 들어서며
시인 **임 진 영**

차례

머리말/ 4

제1편 조선왕릉 역사탐방_詩로 엮다/ 12

제1부 조선 건국과 발전/ 13
제1대 태조_새 술은 새 부대에/ 15
제2대 정종_아버지와 동생 눈치 보며/ 16
제3대 태종_조국을 위해서는 내 손에 피를/ 18
제4대 세종_아버지 덕에 큰 꿈을 펼치다/ 20
제5대 문종_건강 때문에/ 22
제6대 단종_비운의 왕과 왕비/ 24
제7대 세조_차마 해서는 안 될 일을/ 26
제8대 예종_남이 장군을 옥사시키고/ 28
제9대_성종_다시 태평성대를/ 30

제2부 혼란과 외침/ 33
제10대 연산군_최악의 폭군/ 35
제11대 중종_실패한 개혁 정치/ 36
제12대 인종_가장 짧은 치세/ 38
제13대 명종_모후와 외척들에 휘둘린 통치/ 40
제14대 선조_임진왜란을 물리친 왕/ 42
제15대 광해군_명분에 묶인 실리외교/ 44
제16대 인조_적국 왕에게 무릎 꿇고 항복한 왕/ 46

제3부 **재건과 도약**/ 49

제17대 효종_북벌의 꿈/ 51
제18대 현종_예송 문제로 보낸 허송세월/ 54
제19대 숙종_왕권의 안정/ 56
제20대 경종_격화되는 당쟁/ 58
제21대 영조_탕평책을 펴다/ 60
제22대 정조_실학의 융성/ 62

제4부 **쇠락과 망국**/ 65

제23대 순조_안동김씨 세도정치의 시작/ 67
제24대 헌종_국가 총체적 위기/ 70
제25대 철종_강화도령/ 72
제26대 고종_기울어 가는 나라/ 74
제27대 순종_망국의 왕/ 76

제2편 오늘의 경영인 눈으로_시를 쓰다/ 78

제1부 쌍팔년 적 이야기/ 79

무지개/ 81
산에서/ 82
대나무 부딪히는 소리/ 83
짜장면/ 84
마음의 상처 거짓말/ 86
하늘/ 88
어머니(1)/ 90
어머니(2)/ 92
아버지/ 94
쌍팔년 적 이야기/ 96
농지개혁/ 98
새봄/ 100
엄마의 꿈/ 102

제2부 **봄날의 각오**/ 105

아카라카/ 107
에베레스트 트래킹/ 108
자유/ 110
봄날의 각오/ 112
다름과 틀림/ 114
꽃비/ 116
교통사고 후유증/ 118
4·19혁명/ 120
김재환 형/ 122
우남 이승만 박사/ 124
매미/ 126
껍데기/ 128

제3부 **대차대조표**/ 131

동창생/ 133
친구/ 134
가족사진/ 136
손익계산서/ 138
대차대조표/ 140
묘비명/ 142
종점/ 143
멋진 동생을 보내며/ 144
골퍼의 꿈/ 146
등산학교 졸업/ 148
80에 쓰는 참회록/ 150
세쿼이아/ 152
실종된 이웃/ 154
돈/ 156

맺음말/ 158

제1편
조선왕릉 역사탐방 시로 엮다

제1부 조선 건국과 발전

제1대 태조_새술은 새 부대에
제2대 정종_아버지와 동생 눈치 보며
제3대 태종_조국을 위해서는 내 손에 피를
제4대 세종_아버지 덕에 큰 꿈을 펼치다
제5대 문종_건강 때문에
제6대 단종_비운의 왕과 왕비
제7대 세조_차마 해서는 안 될 일을
제8대 예종_남이 장군을 옥사시키고
제9대_성종_다시 태평성대를

새 술은 새 부대에
-제1대 태조의 건원릉-

구리시 동구릉 가장 위쪽에 자리 잡은 건원릉
봉분이 억새로 덮여 있다
태조의 유언에 따라 고향인 동북면에서 가져온 억새이다

사랑하는 부인과 아끼던 세자를 비명에 먼저 보내고
고향을 그리워하며 억새풀 유언을 남기고 숨을 거두었다

고려말 변방 동북면 출신 장수 홍건적 막아내고
왜구 토벌 전투에서 큰 공 세워 중앙정계 진출
위화도 회군으로 역성혁명을 일으키고
또 무학대사에게 가르침을 받고 새로운 나라 조선 건국
정도전 등의 인재를 등용하여 도읍지를 한양으로 옮기고
500년 역사의 기초를 튼튼히 다졌다

새 나라 세우며
새로운 제도와 법령으로 백성들의 민심을 얻었으나
냉철하고 현실적이며 권력 지향적인
다섯째 아들 방원과 왕위 세습 문제로 부딪쳤다

방원이 난을 일으켜 세자 방석과 개국공신 정도전을 죽이니
왕위를 둘째 아들에게 물려주고 오욕의 시간을 보냈다

고향 함흥과 한양을 오가며 한을 달래면서
왕위를 물려준 지 십 년 만에 향년 칠십사 세로
세상을 떠나니 동구릉에 모셔졌다

아버지와 동생 눈치 보며
-제2대 정종의 후릉-

태조 이성계의 둘째 아들
영안대군 방과

제1차 왕자의 난으로
세자 방석과 방번 정도전이 죽자
태조는 왕위를 영안대군에게 양위
정종 즉위

아버지와 동생들 눈치를 살피면서
아버지와 아들이 화해하고
형제간 우애를 다지고자 노력하였으나
끝내 뜻을 이루지 못하였다

태조의 넷째아들 회안대군 방간이
제2차 왕자의 난을 일으키자 왕위를
태조의 다섯째 아들 정안대군 방원에게 양위하고
십구 년을 더 살다가 승하하였다

능호는 후릉으로
개성시 판문군 령정리에
위치하고 있으니

찾아갈 수 없다니
안타깝고 슬프기도 하고
내 마음도 눈치 볼 수밖에 없도다.

조국을 위해서는 내 손에 피를
-제3대 태종의 헌릉

조선 건국의 일등 공신
아버지가 아끼던 정몽주를 죽여
아버지 태조의 눈 밖에 나서
공신 대접도 받지 못하고
원하던 세자 자리도
배다른 동생 방석이 차지하자

난을 일으켜
세자와 권력 서열 2위인
정도전 등을 죽이기까지 하며
실질적인 정권을 장악하였다

둘째 형 정종을 왕좌에 앉히고 실권을 행사하다
정종의 선위로 3대 태종으로 즉위하였다

왕위에 오르기까지 왕비 원경왕후와
처남들의 공로가 컸으나 처남들을 처단하고
세종의 장인과 식솔들을 대역 죄인으로 처단하여
처가와 외척의 정치개입을 차단시켰다

아들 세종의 원활한 통치를 위하여
힘든 일은 내 손으로 처단한 왕

나라를 위한 일이라면 내 손에 피를 묻히고
아들 손은 더럽히지 않겠다고 다짐하면서
아들의 왕위 계승과 왕권 확립에 지장을 주는
걸림돌은 모두 제거하는 데 성공하였다

신문고 설치
한양천도 완성…
백성들의 삶을 편리하게 하였다

서울 서초구 대모산 양지바른 기슭에
'헌릉'으로 모셔져 있다

아버지 덕에 큰 꿈을 펼치다
-제4대 세종의 영릉-

세종대왕님 감사합니다
당신 덕분에 우리들은 얼마나 편하게 지내는지요
대왕님 덕분에 우리들은 얼마나 자랑스럽게 뽐내는지요

어떻게 600년 전에
오늘날 컴퓨터와 인터넷 세상이 올 것을 예상하셨습니까
대왕님께서 만드신 한글이 오늘날
IT산업에 딱 맞는 글자로
전 세계 사람들이 인정하고 있어요

아버지 태종이 닦아 놓은 터전 위에
찬란한 문화의 꽃을 피우고
희대의 명재상 황희와 맹사성
그 청렴하고 충직한 행정 처리

과학혁명의 주창자 장영실의
측우기와 물시계 해시계의 발명 천체관측
음악의 귀재 박연의 아악 정리
농사직설을 펴낸 정초의
농사개량사업과 생산량 증대

대마도를 정벌한 이종무
육진을 개척한 김종서

집현전 학자들의 연구와
실생활과 접목하여

세종대왕 치세 기간
정치 국방 경제 사회 문화
모든 부문에서 꽃피고 열매를 맺어

온 나라가
태평성대를 노래하였다

능은 여주시 세종대왕면 영릉에 모셔졌다

건강 때문에
-제5대 문종의 현릉-

아버지 세종대왕을 빼닮은 왕
인자하고 명석한 왕
몸이 약한 게 흠

세종은 말년에 한글 창제를 비롯한
국정 전반에 힘을 쏟다가
건강 상태가 악화되어 정사를 돌보기 힘들어져
문종이 8년간 섭정하는 사태가 일어나기도 하였다

세종대왕 사후 즉위하여
건강이 더 악화되어
이년 사 개월 만에 승하하셨다
아들 단종은 열두 살 때,

문종이 오랫동안 왕좌를 누리며
아버지 세종의 꿈을 이루었더라면
왕과 백성들 모두
얼마나 행복했을까요

어미도 없는 열두 살짜리 어린 아들 단종을
홀로 남겨두고 떠나는 문종의 심정은
얼마나 안타까웠을까

둘째 동생 수양대군은
호시탐탐 왕위를 넘보고 있었는데
고명대신들에게 아들의 앞날을
단단히 부탁해 놓았건만,
건강 때문에 이렇게 먼저 가면서
얼마나 아들 걱정을 하셨을까

건강 때문에
건강 때문에

묘호는 문종 능호는 현릉으로
태조 건원릉 아래에 모셔져 있다

비운의 왕과 왕비
-제6대 단종의 장릉-

단종을 낳고
어머니 현덕왕후는 난산으로
사흘 만에 어린 핏덩이만 남기고 세상을 떠나셨다
돌아가실 때 어떻게 눈을 감으셨을까

아버지 문종은 재위 이년 사 개월 만에
세자가 열두 살 때 세상을 뜨고 단종이 즉위하셨다

수양대군이 한명회 권람 등을 앞세워 계유정난을 일으켜
안평대군 김종서 황보인 등을 죽이고 왕위를 찬탈하였다

단종 복위 사건으로
성삼문 박팽년 하위지 이개 유성원 유응부
사육신은 무참히 처형되었고
김시습 원호 이맹전 조려 성담수 남효온
생육신은 재주와 덕이 뛰어났으나
벼슬길에 나아가지 않고
세조의 부도덕한 찬탈행위를 비난하였다

세조는 단종을 노산군으로 강봉하여
영월 청령포에 유배시키고
금성대군의 단종복위 사건이 발발하자
금성대군을 처형시키고 단종을 다시 서인으로 강봉시켰다

한양에 홀로 남겨둔 정순왕후를 그리며
청령포 노산대에 올라
한양 쪽을 하염없이 바라보던 단종

영월 유배 사 개월 만에 세조가 내린 사약을 받고
열일곱 살에 돌아가셨다

단종이 복권되자 호장 엄흥도가 암매장한 자리에
봉분을 쌓아 영월 장릉을 조성하였다

단종의 왕비 정순왕후 송씨는 *정업원에서 매일 같이
영월을 바라보며 한 많은 나날을 보내다
팔십이 세에 승하하여 남양주 사릉에 모셔져 있다

***정업원**: 서울특별시 종로구 숭인동에 위치한 양반 출신 여인들이 출가하여 머물던 절 이름임.

차마 해서는 안 될 일을
-제7대 세조의 광릉-

차마 해서는 안 될 일을 저지른 왕

어린 조카의 왕위를 찬탈하고 죽이고
친동생 안평대군을 죽이고
친동생 금성대군을 죽이고

충신 김종서 황보인을 죽이고
사육신을 죽이고 집현전을 폐쇄하고
한명회 권람 같은 간신배만 득세하게 되고
생육신처럼 유능한 인재는 초야에 묻히고

태조가 세우고
태종이 다져 놓고
세종이 꽃피운 조선을

계유정난으로 송두리째 뒤엎어 버린 왕 세조
역사의 수레바퀴를 거꾸로 돌린 왕
차마 해서는 안 될 일을 저지른 왕

왕권을 유지하기 위하여
무력을 앞세운 무단정치 시행

부당하게 왕위를 찬탈한 세조는 심한 스트레스를 받았고
단종의 어머니 현덕왕후가 자주 꿈에 나타나
심하게 꾸짖자 악성 피부병과 악성 종양으로 고생하였고
과거의 잘못에 대한 회한과 번민으로
잠 못 이루고 괴로워했다

왕세자 의경세자가 일찍 세상을 떠나고
둘째 아들이 왕이 되어 예종이 되었지만
즉위 십사 개월 만에 승하한다
죗값을 치루었다고 평하였다

능은 남양주시 진접읍 광릉수목원로 354에 있다

남이 장군을 옥사시키고
-제8대 예종의 창릉-

악명 높은 세조가 죽자
둘째 아들 해양대군이 즉위하여
예종이 되었다

모후 정희왕후의 수렴청정과
한명회 신숙주 구치관 등이 섭정하였다

남이 장군 옥사 사건이 발생하였다

젊고 유능한 인재를
늙고 교활한 중신들이
왕과 결탁하여
처단한 사건이다

즉위 십오 개월 만에
마침내 승하하여
그의 능은 고양시 서오릉에 있다

다시 태평성대를 이룬 왕
-제9대 성종의 선릉-

예종이 후사 없이 승하하자
할머니 정희왕후와 한명회의 정치적 결탁으로
조카인 성종이 열세 살의 어린 나이로 즉위하였다

정희왕후의 섭정이 끝나고
김종직 등 사림파를 중용하며
기존의 훈구 세력과 균형을 맞추며
도학 정치를 폈다

경국대전 완성으로
나라의 기틀을 다지고
동국여지승람 동국통감 동문선 악학궤범 등 편찬하고

조세제도도 개편하고
백성들의 생활환경까지 개선하니
조선에는 다시 태평성대가 찾아오기까지 하였다

묘호는 선릉으로
강남구 선릉로에 위치하고 있기에
지하철로도 쉽게 찾아가 볼 수 있다

선릉은 옆에 있는 정릉과 함께
임진왜란 때 왜적들이 능을 파헤치고
관까지 불에 타는 피해를 당하였다

못난 후손들이 조상의 무덤도 지키지 못하고
슬프고 치욕스러운 사태를 당하여
반성하며 통탄하지 않을 수 없다

제2부 혼란과 외침

제10대 연산군_최악의 폭군
제11대 중종_실패한 개혁 정치
제12대 인종_가장 짧은 치세
제13대 명종_모후와 외척들에 휘둘린 통치
제14대 선조_임진왜란을 물리친 왕
제15대 광해군_명분에 묶인 실리외교
제16대 인조_적국 왕에게 무릎 꿇고 항복한 왕

최악의 폭군
-제10대 연산군의 연산군묘-

폐비 윤씨의 아들이
10대 왕으로 즉위, 피바람이 분다

유자광 등이 일으킨 무오사화로
사초에 있는 조의제문을 문제 삼아
김일손 등 사림파를 처단
스승 김종직 부관참시

임사홍 등이 연산군 생모
폐비 윤씨에 관한 문제로 갑자사화를 일으켜
훈구파와 사림파의 중요 인재들을 처단하고
선량한 선비들까지 모두 처단되고
유자광 임사홍 등 간신배만 날뛰고
온갖 악행과 패륜을 자행하게 되니
백성들은 얼마나 힘들었을까
사는 것이 얼마나 팍팍했을까

성희안 박원종 등을 중심으로 반정 거사를 일으켜 성공
이복동생 진성대군이 왕위를 이어받아 중종으로 즉위하였다

강화도 교동으로 유배되었다가 몇 달 후 세상을 뜨자
서울 도봉구 방학로에 안치되었다

실패한 개혁정치
-제11대 중종의 정릉-

연산군의 폭정에 항거하여 성희안 박원종이 중심이 되어
반정거사를 성공하고 이복동생 진성대군이 즉위하였다

집권 초에는 반정공신들
눈치를 보면서 부분적으로
연산군 시대의 문란한 제도를 수정해 나가다

연로한 중신들이 세상을 뜨자
새로운 정치를 펼 수 있었고
신진사대부 조광조를 발탁하여
개혁정치를 시작하였다

새로운 정치를 사 년간 펼쳤으나
준비가 되지 않은 채 급격한 개혁정치는
사회 전반에 혼란을 가져오기까지 하였고

왕도 지배 세력도 준비가 되지 않아
개혁의 피로가 쌓여만 갔다

개혁에 반대한 훈구파는 기묘사화를 일으켜
조광조를 위시한 혁신세력을 처단하고
혁신정치는 막을 내렸다

모처럼 찾아온 개혁의 기회를
아쉽게 날려 버리고 말았다

능은 강남구 삼성동 아버지 성종릉
오른쪽에 모셔져 있는데
임진왜란 때 파헤쳐져 유골도 훼손되었다

못난 후손들은 조상의 왕릉도 지키지 못하고
처참하게 파괴되었으니
부끄럽고 죄송한 마음 가눌 길 없다

가장 짧은 치세
-제12대 인종의 효릉-

중종과 장경왕후 사이에서 장자로 태어났고
인종이 태어난 지, 이레 만에 장경왕후는 서거하였다

영특하고 학문에 조예가 깊고
효심이 깊은 왕이었다

여섯 살에 세자에 책봉되어
이십오 년간 세자로 활동하다
중종이 서거하자 즉위하였다

조광조를 비롯한
기묘사화 때,
피해를 입은 사림 세력들을 신원하고
이언적 유관 등 학자들을 중용하고
*도학사상을 현실 정치에 응용하려 하였다

그러나
뜻을 이루지 못하고
왕위에 오른 지 아홉 달 만에 서거하고
배다른 동생 명종이 즉위하였다

묘호는 인종, 능호는 효릉으로
경기도 고양시 서삼릉에 모셔져 있다

*도학사상: 주자학이라고도 하는데 고려 말, 중국에서 도입된 이래, 조선의 사상과 문화의 초석이 되었으며, 조선이 유교 국가로서의 체제를 갖추는 법전과 헌장의 기본 이념이 되었다. 도학은 국내적으로는 불의에 대해 항쟁하고, 외침에 대해서는 국가를 수호하는 강력한 '의리(義理)사상'을 내포하고 있으며, 임진·병자 양란을 거치면서 의리는 더욱 뚜렷한 모습을 보이게 되었다. 이순신이나 진주성의 김시민도 모두 도학사상과 의리 및 충렬정신으로 문무겸전의 인물이었다. 이러한 충렬정신은 병자호란 때에도 의연히 발휘되었다.
특히, 도학이 조선 이후 지금까지 우리에게 끼친 영향은 매우 컸다. 고려 말 조선 초는 불교에서 유교에로의 사상적·사회적 전환과 더불어 국가적 규모의 전환과 새로운 역사의 시대를 열었다고 볼 수 있다.

모후와 외척들에 휘둘린 통치
-제13대 명종의 강릉-

열두 살에 즉위하여 모후 문정왕후의 수렴청정과
외숙 윤원형 일파에 휘둘린 통치였다

명종의 외숙 윤원형 일파는
신진 사림세력을 몰아내고 정권을 장악
정사는 제대로 돌보지 않고
개인의 영달과 사리사욕만 채우는 정치를 하였다

왕의 권위는 땅에 떨어지고
사회가 온통 부정부패에 얼룩지고
몇 년째 흉년이 계속되어 민심이 흉흉하고
왜구의 침범과 약탈이 계속되어
백성들의 삶이 극도로 피폐해졌다

이러한 아수라장을 이용하여
임꺽정이 나타나 의적 행세를 하며
탐관오리와 부당하게 재물을 모은 양반 집들을 털어
가난한 백성들에게 나누어 주니
백성들은 임꺽정을 '의적'이라 칭송하고
황해도 강원도 경기도 등지에서
삼 년간 활약하다가 체포되어 처형되었다

모후 문정왕후는 악명을 떨쳤으나
불교 부흥을 꾀하고
승 보우를 중용하고
승과 도첩제 등을 실시
우수한 승려를 배출하여
임진왜란 당시 승군 활동에 도움을 주었다

후사를 남기지 못하고 죽어
중종의 아홉째 아들 덕흥군의 셋째아들
하성군이 왕위를 이어받아 선조로 즉위하였다

능호는 *강릉이며
어머니 문정왕후 능(태릉) 오른쪽에 모셔졌다.

*관할 사적지 명은 서울 태릉과 강릉이며, 태릉은 문정왕후 능이고 강릉은 명종 능이다. 서울특별시 노원구 화랑로 681

임진왜란을 물리친 왕
-제14대 선조 목릉-

명종이 죽고 그를 이을 적손이 없어
이복동생 덕흥군의 아들 하성군이 왕위를 이어
선조로 즉위하였다

임진 정유 칠 년간 왜란을 막아내고
율곡 이이, 서애 유성룡 등
훌륭한 신하들이 보좌하였다

율곡의 '십만 양병' 건의를 받아들이지 못하고
황윤길의 전쟁 위기 보고도 채택하지 않고
전쟁 준비를 하지 못한 채
이십만 명의 왜군이 부산포에 침공하여
이십일 만에 수도 한양 점령
왕은 의주로 몽진까지 하였다

육상에서는 권율
해상에서는 이순신이 왜적을 격퇴하였고

곽재우, 고경명, 조헌
승려 휴정 등 도처에서 의병들이 일어나
왜군을 물리쳤다

전쟁 수행 과정에서
정보 부족과 개인 욕심으로
잘못된 작전 지시를 내리고
포상도 공평하지 못했다고 평가 받고 있다

칠 년 전쟁 후 조선 모습은 처참할 정도로
수많은 사람이 희생되었고
농경지 절반 이상이 파괴되고
기근으로 굶어 죽는 사람이 헤아릴 수 없었다

서애 유성룡을 비롯한 훌륭한 정치인들이
난국을 헤쳐 나가고자 노력하였으며
전쟁을 통하여 일반 백성과 천민들도
신분 상승이 이루어지고
새로운 질서와 제도가 시행되었다

능호는 목릉이며
동구릉 태조 건원릉 오른쪽에 모셔졌다

명분에 묶인 실리외교
제15대 광해군의 광해군묘

선조가 갑자기 세상을 떠나자
광해군이 왕위에 즉위하였다
임진왜란이 터지자, 선조는 의주로 몽진하고
광해군을 세자로 지명하여 *분조를 이끌게 하였다

위험을 무릅쓰고 전장을 누비며
관군 의병 등의 지원을 아끼지 않아
세자로서 민중의 지지를 받았다

왜란이 끝나고 폐허로 변한 도성을 새로 정비하고
궁궐을 짓고 제도를 개선하는데 힘썼다
이원익의 대동법 실시
허준의 동의보감 편찬
허균의 홍길동전 저작 등이 이 시기에 이루어졌다

중국 대륙에서는
明淸 교체기에 왜놈들과 싸워보고
명나라 장수들과도 전쟁을 같이 수행한 경험을 살려
등거리 외교를 펼쳐 실리외교로 난국을 타개하였다

왕권 강화를 위하여 임해군과 영창대군을 사사하고
영창대군의 모후인 인목대비를 폐위시켜
서궁에 유폐시켰다

은혜를 입은 명나라를 소홀히 하며
청나라를 중시하고
영창대군을 죽이고
모후를 폐위시킨 일로

이복동생 정원군의 아들 능양군이 반정을 일으켜
광해군을 쫓아내고 인조로 즉위하였다

묘는 남양주시 진건읍 송능리 산 59에 모셔져 있다*

*분조: 임진왜란 때, 선조가 광해군에게 명하여 임시로 두었던 조정(朝廷)을 말함,
*광해군 묘는 서울 영락교회 공원묘지 안에 위치하고, 일반인에게 개방되어 있지 않다. 관할 사적지는 별도로 없고, 남양주 사릉사무소(031-573-8124)에서 특별 허가를 받아야, 출입이 가능하다.

적국 왕에게 무릎 꿇고 항복한 왕
-제16대 인조의 장릉-

광해군을 쫓아내고 왕이 된 인조와
서인 세력은 외교에 무능하여
떠오르는 태양 淸나라를 무시하고
저물어 가는 해 명나라를 붙잡고 의리만 중시하였다

피할 수 있었던 전쟁을 자초하여
적국의 왕 앞에서 무릎 꿇고 항복하였다
우리 역사상 최초로 겪는 치욕적 역사

만주족이 세운 후금은 국호를 청으로 바꾸고
정묘호란 때 맺은 형제의 맹약을 군신 관계로 바꾸고
명나라와의 전쟁 비용을 크게 늘려 부담하라고 요구하였다

이러한 요구 사항이 받아들여지지 않자
청 태종은 직접 대군을 이끌고 한양으로 쳐들어오자
인조와 문무백관은 남한산성으로 피신하여 항전하였다

남한산성에 갇혀 있던 조선군은 더 이상 버틸 수 없어
인조는 청 태종 앞에 나아가 항복하고
청에 대하여 신하의 예를 갖출 것
명과의 관계를 끊을 것
청에 물자 및 군사를 지원할 것
공물을 보낼 것 등을 서약하였다

항복 후 소현세자와 봉림대군이
볼모로 잡혀갔다가 팔 년 후 두 왕자가 귀국하였다

소현세자는 청나라 지식인들과 교분을 맺고
서양 선교사들의 영향을 받아
세계 정세를 폭넓게 이해하고 있어
아버지 인조와 국정운영에 관한 견해차가 커서
인조는 소현세자를 미워하고 자신의 왕위에 위협을 느껴
소현세자를 독살하고
소현세자빈 강씨와 그 아들들을 처형하였다

인조는 굴욕과 고통으로 왕위를 유지하다
오십오 세에 승하하여 파주시 장릉에 모셔졌다

제3부 재건과 도약

제17대 효종_북벌의 꿈
제18대 현종_예송 문제로 보낸 허송세월
제19대 숙종_왕권의 안정
제20대 경종_격화되는 당쟁
제21대 영조_탕평책을 펴다
제22대 정조_실학의 융성

북벌의 꿈
-제17대 효종의 영릉-

볼모로 붙잡혀 간 소현세자와 봉림대군
외로운 타국 생활 믿을 건 형과 아우뿐
두 형제의 우애는 깊어만 가고

청나라 조정에서
군사를 동원해라
잡역을 하라는 요청이 오면
동생 봉림대군이
먼저 나가서 처리하고
형 소현세자는 불편한 노역에서
빠지도록 노력하였다

청나라에 대한 입장은
형 소현세자는 좋은 제도는 받아들이고
청나라를 이용하자는 생각을 가지고 있었는데
동생 봉림대군은 철저한 반청주의자였다

8년 후 돌아온
소현세자는 부왕 인조에게
세계 정세와 서양의 기술 발전을 설명하고
우리나라도 서양의 기술과
청나라의 좋은 제도는
받아들이자고 건의하자
청나라에 원한이 깊은
인조의 눈 밖에 나서 독살되고
봉림대군이 세자가 되어 효종으로 즉위하였다

송시열 등 서인 세력과 힘을 합쳐
북벌계획을 세우고
삼전도의 치욕을 만회하고자
전투준비를 하고 국방력을 강화하고 힘을 길렀다

당시의 청나라는
세계 최강국의 하나였기에
북벌계획을 실행할 수 없었으며
강한 군사력을 바탕으로 국내 정치의 안정을 기하고
대동법을 확대 실시하고,
소작료를 낮춰
민생의 안정과 번영을 기할 수 있었다

그러나
북벌의 꿈을 이루지 못하고
즉위한 지 십 년 사십일 세를 일기로
세상을 떠나니
세종대왕릉 오른쪽에 모셔졌다

예송 문제로 보낸 허송세월
-제18대 현종의 숭릉-

효종의 뒤를 이어
외동아들인 현종이 즉위
십오 년 동안
모처럼 찾아온 평화로운 시대

조정은 효종이 죽자
계모의 상복 복제를 어떻게 할 거냐
일 년이냐 삼 년이냐를 두고
서인과 남인 사이에 다툼이 생겼다
정권 쟁탈전이 벌어졌다

민생과 국정은
자꾸만 뒤로 또 뒤로하고
엉뚱한 일로 다툼을 벌이는 추태를 벌였다
한심한 작태다

십오 년간 제위에 있다
삼십사 세에 죽자
외동아들 숙종이 즉위하였다

경기도 구리시 동구릉에 모셨다

왕권의 안정
-제19대 숙종의 명릉-

모처럼 이대에 걸친 외동아들이
왕위를 이어받아
왕권세습 정통성이 확립된 시대였다

십사 세의 어린 나이에 즉위하여
사십육 년간 왕위에 있으면서
절정에 이른 붕당정치를
*환국을 통하여 조정하면서
효과적으로 왕권을 강화해 나갔다

전국적인 대동법 시행
상평통보 전면적 통용
금위영 설치로 군제 개편 완료
백두산정계비 설치로 영토의 경계선 확정
울릉도 귀속 문제 확정

사육신 복관
노산군 복위로 묘호를 단종으로 정하고
소현세자빈 강씨를 민회빈으로 복원시켰다

태평성대를 이룩한 숙종이 승하하자
장희빈의 아들이 왕위를 이어
경종으로 즉위하였다

능호는 명릉으로 경기도 고양시 서오릉에 있다

*환국: 조선의 제19대 왕으로 즉위한 숙종은 당시 강건했던 당파들 사이에서 허약해진 왕권을 살리기 위해 당파들 간의 경쟁을 유발시키는 환국 정치를 펼쳤다. 여러 당파를 고루 등용하는 탕평책과는 달리 한 당파에 권력을 몰아주었다가 다른 당파로 권력을 급격하게 교체하는 방식을 쓰면서 당파들이 서로 견제하는 사이 왕권을 강화시키려 했다. 숙종의 의도대로 왕권은 다소 강화되었지만, 당쟁은 오히려 더 격화되는 결과를 낳았다.

격화되는 당쟁
-제20대 경종의 의릉-

희빈 장씨의 아들이
제위에 올라 경종이 되었다
장희빈이 숙종의 눈 밖에 나서
사사될 때
경종은 열네 살이었다

어머니 희빈 장씨가
사약을 마시고 숨을 거두자
경종은 심한 충격을 받고
병을 앓게 된다

왕이 병약하고
노론 소론 당쟁이 심하여
왕권이 확립되지 않아
뚜렷한 치적은 남기지 못하였다

후사가 없어
이복동생 연잉군(영조)을 세제로 정하고
즉위 사 년 후 삼십칠 세에 서거하여
성북구 화랑로에 의릉으로 모셔졌다

탕평책을 펴다
-제21대 영조의 원릉-

궁궐에서 물을 길어 나르는
무수리 최 씨가 영조의 어머니이다
오랫동안 승은을 입어 아들 셋을 낳았으니
자색이 무척 곱고 대단히 영특했으리라
숙빈 최씨로 진봉되었다

이복형 경종이 서거하고
멀고도 험한 과정을 헤쳐 나와
영조로 즉위하였다

제위 오십이 년 팔십삼 세에 붕어하시니
조선에서 최장기 왕위 보전
최장수 왕이시다

노론과 소론, 남인과 북인
말 그대로 사색당파가 첨예하게 대립하여
나라와 왕권이 심하게 흔들릴 때
탕평책으로 수습하고, 왕권을 강화해 나가고
민생관련 제도와 법령을 정비하여
태평성대 문예부흥의 시대를 열었다

여섯 명의 부인에게서
이남 칠녀의 자손을 얻었으나
장자 효장세자는 어린 나이에 죽고
둘째 아들 사도세자는 정신질환을 앓고 있어
뒤주에 가두어 굶겨 죽이는 아픔을 겪기도 하였다

팔십삼 세에 승하하셔서
경기도 구리시 동구릉에 원릉으로 모셔졌다

실학의 융성
-제22대 정조의 건릉-

사도세자의 아들이 즉위하여 정조가 되었다

왕이 되기 전
온갖 살해위협에 시달렸으나
할아버지 영조가 잘 지켜 주었다

규장각을 설치하여
영의정 채제공을 비롯하여
실학자 정약용 이가환 박제가 유득공 이덕무 등
인재를 모아 개혁 정치를 폈다

양반뿐만 아니라
서얼 신분으로 벼슬길이 막힌
우수한 인재를 과감하게 등용하였으며
장용영을 설치하여 국방을 튼튼히 하고
왕실 경비 강화를 이루었다

정조는 수원성을 건설하여 실업자를 구제하고
농지를 개간하며 상업 도시를 이룩하여
국방 병참기지를 만들었다
이 건설공사에는 정약용이 개발한 거중기가 사용되었다

문예부흥의 앞장에 섰던 정조가
사십구 세에 승하하자

열한 살의 순조가 왕위에 오르고
영조의 두 번째 왕비이며 대왕대비인
정순왕후가 수렴청정하였다

정조의 개혁 정치는 멈추고
안동김씨의 세도정치가 시작되었다

아버지 사도세자의 융릉 왼쪽에
건릉으로 모셔졌다

제4부 쇠락과 망국

제23대 순조_안동김씨 세도정치의 시작
제24대 헌종_국가 총체적 위기
제25대 철종_강화도령
제26대 고종_기울어 가는 나라
제27대 순종_망국의 왕

안동김씨 *세도정치의 시작
-제23대 순조의 인릉-

정조가 그토록 목숨 걸고 지키며
발전시키려던 조선을
제왕 수업도 제대로 받지 못한
늦둥이 아들에게 넘겨주고
갑자기 세상을 떴다

아아 애석하도다

아들 순조가
그 나이 열한 살에 즉위하였다

초기에는
영조의 계비인 정순왕후의
수렴첨정을 받았으나
그럭저럭 지나가는 듯하였다

정순왕후를 둘러싼 세력은
정조의 개혁정치 반대파로서
개혁정치 중단 및 후퇴,
천주교 박해와 함께
이가환 권철신 정약용 등의 유배를 결행하였다

안동김씨
김조순의 딸과 결혼하여
육십 년에 걸친 안동김씨 *세도정치의 길을 터놓았다

삼십사 년간
왕위에 있으면서
안동김씨 세력의 부정과 부패,
전염병의 창궐,
연이은 흉작과 홍경래 난 발발로
인심이 흉흉하였으나
처가 사람들에 둘러싸여
왕은 제대로 손을 쓸 수가 없었다

바로 옆자리에 누워 계신
태종 할아버지는
처가와 외척을 정치에서
철저히 배제 시켰는데

어찌하여
400년 뒤 후손 왕은
이처럼 왕권을 지키지 못하고
국력을 낭비하였는가

이때부터
조선은 쇠락의 길로 빠지기 시작한다
참으로 애석한 일이다

*세도정치: 조선시대 외가 친척이 권력을 주도했던 정치형태를 말하는데, 어린 왕의 즉위와 그에 따른 왕권의 약화를 원인으로 본다. 조선의 제 22대 임금인 정조 때 권세를 휘둘렀던 홍국영으로부터 시작되어 순조 즉위 후 김조순 이래 안동 김씨, 1827년 세자가 정치를 대리한 이후 풍양 조씨, 철종 때는 안동 김씨 등 임금의 외척이 되는 집안이 세도 정치를 행했다. 1863년 고종의 왕위 계승을 계기로 흥선 대원군 정권이 등장, 안동 김씨 세력을 몰아내고 막을 내렸다.

총체적 위기
-제24대 헌종의 경릉-

순조가 세상을 뜨자
두 아들은 이미 세상을 떴고
여덟 살 된 손자만 있었다

즉위하여 헌종이 된다
안동김씨 김조근의 딸과 결혼한다

천주교 탄압은 계속 이어지고
사회는 안동김씨와 풍양조씨의
권력다툼으로 혼탁하였다

조선 사회의 각 부문에
국가 위기 상황이었다

십오 년간 제위에 있다
스물세 살에 후사 없이 승하하였다

능호는 경릉
경기도 구리 동구릉에 모셨다

강화 도령
-제25대 철종의 예릉-

사도세자의 후손으로
역모 사건에 연루되어
강화도에 피신하여
농사를 짓고 지내던 왕손이었던 그 사람

갑자기 교지를 내려
조선의 왕이 되었다

철종 임금
안동김씨 김문근의 딸을 왕비로 들이기도 하고

여덟 명의 부인에게서
오남 일녀
자식을 얻었으나

영혜옹주 한 명만 생존하고
나머지 자녀는 일찍
세상을 떴다

영혜옹주는
당시의 신세대
박영효에게 출가하였다

십오 년간 제위를 지키다
삼십사 세에 승하하였다

경기도 고양시 서삼릉에 모셔져 있고
능호는 예릉이다

기울어 가는 나라
제26대 고종의 홍릉-

철종이 후사가 없이 세상을 뜨니
후사 결정권은 헌종 어머니
신정왕후 조대비에게 주어졌다

흥선대원군의 치밀한 계획과 준비로
대원군의 둘째 아들 명복이 왕위에 올랐다
고종의 즉위다

당시의 집권 세력은
조대비나 대원군이나 고종이나 명성황후나
고위 관료나 어떤 누구도
나라의 나아갈 방향과 방략을 가진
예지력이 있는 인재가 없었다

이러한 시기에
퇴계 이황이 살아 계셨다면
율곡 이이가 정사를 맡았더라면
서애 유성룡이 생존해 계셨더라면
다산 정약용이 계셨더라면

나라의 사활이 걸린
중차대한 시기에
훌륭한 방향과 방책을 내놓아
일본에 잡아먹히지는 않았을 것이다

경복궁 중건이다
서원 철폐다
천주교 박해다
쇄국정책이다
대원군과 민씨 세력의 권력다툼…

잡다한 일로 분주하다
나라를 망쳤다

일본에 의해 강제 퇴위를 당하고
남양주 홍릉에 모셨다
1919년 3월 1일 그의 장례식 날
삼일 만세 운동이 일어났다

망국의 왕
-제27대 순종의 유릉-

준비되지 않은
개인이나 국가는
존립할 수 없다

조선은 일본이 정해 놓은
시간표대로
망해 가고 있었다

애석하도다

1392년에 태조 이성계가 세운 조선은
1910년 일본에 먹히고 말았다
518년 동안 그래도 잘 버텼다

기쁜 일이나 슬픈 일
빛나는 영광의 나날들
부끄러운 오욕의 순간들

씨줄과 날줄 되어
아름다운 자태로 짜진 베

백성들의 마음속에
영원하여라
영원하여라

한을 품고 순종은 1926년 서거하였다
1926년 6월 10일 장례식날
6·10만세운동이 일어났다

묘호는 유릉으로 경기도 남양주 홍유릉로에 모셨다

제2편
오늘의 경영인 눈으로 詩를 쓰다

제1부 쌍팔년 적 이야기

무지개
산에서
대나무 부딪히는 소리
짜장면
마음의 상처 거짓말
하늘
어머니(1)
어머니(2)
아버지
쌍팔년 적 이야기
농지개혁
새봄
엄마의 꿈

무지개

보남파초노주빨
영롱한 무지개를 찾아서
산 쪽으로 벌판으로 내달렸다

가뭄 든 날 아침
서쪽 무지개를 그리워했고

장마철 저녁때
동쪽 무지개를 반가워했다

무지개는
항상 내 곁에서
꿈과 희망을 준다

산에서

산에 오른다
계곡물 건너
봉우리를 오른다

바위틈에서 이름 모를 꽃을 만나고
사진을 찍어 꽃 이름을 알아본다
멋진 새가 앞에서 퍼덕인다
이름 모를 새다

눈앞에 파란 하늘이 펼쳐지고
그 너머에 아름답고 신비한
산봉우리가 다가온다

나 혼자 보기 아쉬워
사랑하는 임과
함께 보고 싶다

대나무 부딪히는 소리

어릴 적 우리 집
오두막집
대나무 숲

대나무 잎이 부딪히는
맑고 깨끗한 소리

그 속에서
나만의 시간을 갖는다
나만의 꿈을 꾼다
먼 훗날의 아련한 꿈

지금도 고향에 가면
그 대나무 숲에서
나만의 시간을 갖는다
나만의 꿈을 설계한다

짜장면

초등학교 졸업하던 날
어머니께서 점심을 사 주셨다
짜장면을…

지금도 가끔 맛있고 값비싼 음식을 먹지만
옛날 졸업식 날 먹었던 짜장면보다는 못하다

나는 여행을 좋아하고
해외에서 지내는 날이 많다

음식을 가리지 않고
무엇이든지 잘 먹으니
여행하기가 여간 수월하다

여행할 때는 철저히
현지 음식으로 한다
음식은 항상 그 나라의 기후 풍토에 맞게
개발되어 있다

여행 중 어떤 음식은 맛과 향이 고약해서
눈살을 찌푸려지는 때도 있다
나는 코를 막고 음식을 먹는 일도 있다

그렇게 음식을 먹으면서
새로운 맛을 음미해 보기도 하고
특별한 음식이
그 나라 기후 풍토에 맞는다는 것도 깨닫는다

여행을 떠나자
미지의 세계로

먹고 즐겨보자
난생 처음 먹고 마시는 음식으로

세계는 넓고
새로운 음식도 많고
할 일도 많다

마음의 상처 거짓말

어릴 적
옆집 어른들이 출타하셔서 집을 봐주러 가서
호기심 많은 나는
괘종시계를 내려놓고 분해하며
시계 작동원리를 파악하던 중
태엽이 튀면서 고장

몇 시간을 노력하였으나 고칠 수가 없어
어쩔 수 없이 고장 난 채로
그 자리에 걸어 놓았는데

저녁 때 어른들이 오셔서
왜 시계가 고장 났느냐고 물어 보셔서
나는 모른다고 거짓말

왜
내가 잘못하였다고
사실대로 당당하게 말하지
못하였나
사실대로 자백하고
용서를 구했어야 했는데

지금까지도 부끄러워
항상 내 머릿속에
그 날의 거짓말이
아련한 아픔으로
마음의 짐

그 뒤에 나는 다짐
절대로 거짓말하지 말자고
떳떳하게 살자고
정직하게 살자고

하늘

하늘이 파란색이어서
얼마나 좋은가
우리 눈을 평안하게 해 준다

만일 하늘이 검은 색이나
빨간 색으로 뒤 덮여 있다면
얼마나 힘들었을까

철따라 비를 내려 주시고
꽃피고 새 소리로 아름다운 음악을 들려주시며
일용할 양식을 마련해 주시니
얼마나 감사한 일인가

예전엔
하늘을 우러러 보면 둥글고 天圓
땅은 평평하며 地平
사람이 벌판에 서서 둘러보면 人立
달과 태양과 별들이 땅 위를 돌고 있다고 믿었는데

지금은
지구가 태양 주위를 돌고 있다고

태양과 주변을 돌고 있는 행성들을 모아 태양계라 하고
태양계와 같은 천체가 수없이 모여 은하계가 되고
수많은 은하계가 모여 소우주가 되고
소우주가 수없이 모여 전체우주가 된다 하니
우주는 얼마나 큰 것인가
지름이 930억 광년
빛의 속도로 930억년을 달려가는 거리라 하니

이런 우주 만물을 지으신
창조주께 경배 드리자

이런
엄청난 창조를 이룩한 하나님께서
우리 인간을 하나하나 기억하시고
사랑으로 감싸주시니
이 얼마나 감사한 일인가
경배 드리자

어머니(1)

오랜만에 불러보는 어머니
항상 가슴속에 묻어 두었으나
오랜만에 불러본다

내가 세상에 처음 나온 집은
방 하나 부엌 하나
오두막

엄마 아빠 누나 나
네 식구
그 뒤에 여동생 넷
모두 여덟 식구

좁은 방에는 늘 베틀이 있었고
어머니는 논으로 밭으로 나가셔서 일하시다
짬만 나면 베틀에 앉아서 베를 짜셨다

어머니 아버지는 열심히 일하셔서
내가 열 살 때 새집을 지어 이사하셨다
세상 모든 것을 얻은 것 같았다

어머니 아버지는 농사를 짓고
길쌈을 하고 가마니를 짜서
나와 여동생 셋을
대학까지 졸업시켰다

집안일을 돕느라
제대로 공부하지 못한
누나와 바로 밑 여동생에게
지금도 미안하다

어머니 아버지는 하늘나라에 가시고
누나와 여동생도 건강이 좋지 않아
병원 신세를 지고 있으나
마음 같이 도움을 드리지 못하고 있어
항상 미안하다

어머니(2)

옆집에 사는 정희와 나는
친하면서도 자주 싸웠는데
싸우면 대개 내가 이겼다

그날도 둘이 싸움이 붙어
내가 위에서 정희를 때리고 있을 때
정희네 형들과 누나들이 달려들어 홀랑 뒤집어 놓아
내가 밑으로 깔려 되게 얻어맞다가
힘을 내서 내가 위로 올라가서 때리기 시작하면
쏜살같이 정희네 누나와 형들이 달려들어
나를 또 밑으로 내동댕이쳐 내가 또 당했다
여러 차례 이 일을 반복하면서 내가 많이 맞았다

코피가 나고 옷매무새도 꼴이 아니었다
울면서 집에 가서
어머니께
정희 형들과 누나들 때문에
내가 억울하게 많이 맞았다고 하소연하였다

어머니께서는 사내놈이 밖에 나가서 맞고
집에 들어와 궁상을 떠느냐고 야단만 치셨다

얼마 뒤에 정희를 호젓한 곳으로 불러내
흠뻑 두들겨 패주었다
정희 어머니가 우리 집에 오셔서
나를 혼내 주라고 얘기하셨다
우리 어머니는 연신 죄송하다고 하시면서
머리를 조아리셨다

정희 어머니가 가시고
어머니께서 나를 부르시더니
눈물을 삼키시면서
꼭 껴안아 주셨다

교회 권사님으로 교회를 위하여 열심히 봉사하시고
주변의 어려운 분들을 정성껏 섬기시던
어머님께서는
우리들이 편하게 모실 수 있게 되었을 때
일찍 하늘나라로 가셨다.

아버지

아버지는 항상 근엄하시고
원칙주의자이셨다
어려서 한학을 공부하시고
초등학교에 입학하셨다가
가정형편 때문에 졸업은 못하셨다

동네 이장을 하실 때도
매사에 공정하게 일을 처리하셨다
경지 정리 작업을 할 때에
좋은 논은 다른 사람에게 양보하고
우리 논은 위치가 나쁜 땅을 배정 받았다

내가 중학교 다닐 때
장날이면
가마니 다섯 장을 메고 가서
가마니 장사에게 전달하고
학교에 갔다
그때는 여간 창피하였다

대학교 다닐 때도
모처럼 집에 가면
걷어붙이고
농사일을 거들어야 했다

나중에 딴 직업을 갖는다 해도
힘든 농사일을 해 보아야
노동의 가치를 알고
농민들의 어려움을 알 수 있다고
말씀하셨다

어려서 부터 맹훈련을 받았기 때문에
힘든 군대생활도 잘 이겨내고
직장에서의 밤샘 근무도 거뜬히 해낼 수 있었다
지금도 어지간히 힘든 일은 별로 겁내지 않고
잘 해낼 자신이 있다

가족과 친지들로부터 칭송을 받으셨던 아버님
"감사합니다! 사랑합니다! 존경합니다!"
하늘나라에서 평안을 누리소서

쌍팔년 적 이야기

어릴 적에는 쌍팔년적 이야기라는 말을 많이 하였는데
근래에는 그 말을 들어본 일이 별로 없다

쌍팔년이란
단기 4288년
서기 1955년
지독한 흉년이 든 해

4월 중순에 비가 내리고
비 한 방울 내리지 않다가
7월말 경에 비가 내렸다

겨우 전쟁을 멈추고
전후 복구사업을 하느라
숨도 제대로 가누지 못할 때에 닥친
엄청난 재앙

대부분의 농촌은 관개사업이 되지 않은 천수답
논과 밭은 농작물은 물론이고 풀조차 메말라
허옇게 맨살을 드러내고

배고픈 농민들은 곱장리 빚을 얻어
입에 겨우 풀칠하며 삶을 이어 가다가
가을에 빚을 갚지 못하면 야반도주

나라에서는 돈이 없어
미국 PL480 잉여농산물을 팔아
공무원 월급 주고 교육비 의료비를 감당하는
재정지출을 감당하고

정말 어려운 해
우리 집은 아버지 어머니께서 부지런히 일하셔서
겨우 먹고는 살았지만, 모든 게 부족

지금은 세계 10대 강국으로
원조를 받던 나라에서 어려운 나라를
도와주는 나라로 바뀌었으니
얼마나 고마운 일인가

온 국민이 힘을 합하여
번영과 영광의 길로 나아가기를 꿈꾸며…

농지개혁

1945년 8월 15일 해방
농지 30% 자작농 70% 소작농 경작
1949년 6월 농지개혁법 개헌 국회 통과
유상매수 유상분배
1950년 6.25 전쟁 직전까지 대부분 마무리
1951년 말 농지의 96%가 자작농

아버님도 논 일곱 마지기를 분배받으셨다.
우리 집 최초의 농지 취득
이를 종잣돈으로 해마다 땅을 늘려 나갔다

북한은 무상몰수 무상분배
집단농장 소유
사실상 김일성 일가의 사유재산

새롭게 지주가 된 국민들의 '땅 사랑 정신'
공산주의 침략을 막아내는데 크게 공헌

품종개량과 새로운 농사기법으로
쌀 생산량 증가
자급자족 달성

북한은 집단농장의 태업과 생산성 저하로
지속적인 식량부족

농지 사유와
농지 공유의 체제경쟁
북한은
이제는 남한을 따라 올 수 없다

새봄

움츠렸던 겨울이 가고
봄이 왔다

온갖 풀과 나무들이
기지개 켜며
떠오르는 태양을 반긴다

꽃들이 아름다운 자태를 뽐내며
벌과 나비를 부른다

온갖 새와 짐승들이
노래하며 춤추며
새봄을 맞이하고 있다

농부는 씨 뿌리고
공장 주인은 기계에 기름을 치며
상인은 점포를 깨끗하게 정돈하고
학생은 새 교과서를 살펴보며

올가을
추수를 준비하고 있다

엄마의 꿈

밤나무 숲으로
둘러싸인 옹달샘
생명수를 흘려보내고

잘생긴 알밤이
밤나무 밑에 소복소복 쌓이고
치마에 가득 주워 담아
이웃과 나누며 즐겼다

밤나무골 옹달샘
栗泉
내가 태어날 때

엄마의 꿈 이야기
그 꿈을 먹고 자랐다

제2부 **봄날의 각오**

아카라카
에베레스트 트래킹
자유
봄날의 각오
다름과 틀림
꽃비
교통사고 후유증
4·19혁명
김재환 형
우남 이승만 박사
매미
껍데기

아카라카

아카라카 칭
아카라카 초
아카라카 칭칭초

연고전이 열리면
목이 터져라 외치던 응원 구호

한일회담 반대 데모
군사정권 물러가라고 외칠 때도
목에서 피가 나도록 외쳤던 구호

군화발로 채이면서
최루탄 연막탄 가스를 마시며
절규하던 너와 나

에베레스트 트래킹

카트만두 해발 1,300미터
수많은 인종 문화 종교가 모여
태고를 노래하는 땅

경비행기로 설산을 보면서 감상하고
내리면 루크라 2,800미터
에베레스트 산행 준비

걷고 걸어 큰 강을 건너서
남체바자르 3,400미터
네팔 티베트 사람 물자 교역 활발
이틀 쉬면서 고도 적응

탕보체 3,800
유서깊은 라마교 절

팡보체 3,900
아마다블람산 6,856
어머니의 목걸이
세계3대미봉

페리체 4,200미터
5,000미터 오르기 위한
고도 산소 부족 적응 이틀간 휴식

고락셉 5,100미터
난방이 되지 않아 밤새 떨고 잠 못 이루고
에베레스트 베이스캠프 5,364미터
등반 준비 캠프

칼라파타르_검은 언덕 5,550미터
에베레스트 8,848미터를 눈앞에서 바라보니
눈과 얼음이 쉬지 않고
흘러내리는 장관 굉음을 보고 듣는다

카트만두에서 출발 13일 만에 귀경
올라가는데 8일 내려오는데 5일
올라갈 때 고도 기온 적응하기 위하여
남체 이틀 페리체 이틀 휴식하고

카트만두 출발당시 몸무게 73킬로
돌아와서 몸무게 66킬로 7킬로 감량
기압차이 체력소모 영양부족 때문

귀국 후 계속 건강
에베레스트여, 감사합니다
하나님, 감사합니다

자유

너를 쟁취하기 위하여
얼마나 싸웠던가
얼마나 많은 피눈물을 흘렸던가

하나님 주신 선물
육체의 쾌락을 위하여
소비하지 말고
방종하지 말고
사랑으로 이웃을 섬기자

Freedom is not free
자유는 공짜가 없다
희생과 피와 땀으로 이룩한
하나님의 선물

독사와 전갈 맹수 악마 떼가
나의 자유를 짓밟으려
무섭게 달려들고 있다

혼자가 아니고
너와 나
우리들의 힘을 모아서
자유를 지켜내야만 한다

사랑의 힘을 모아서

봄날의 각오

차가운 눈보라도
살을 에는 삭풍도
이겨낼 수 있었지
봄이여
네가 있었기에

풍요의 시절을 보내고
또다시 더욱 매서운 바람이
들이닥친
인고의 시간도
이겨낼 수 있었지

봄!
네가 있었기에

봄을 맞아 다시 뛰자
저 밝은 태양을 바라보면서

다름과 틀림

성별과 나이
인종과 얼굴 모습
고향이나 출신학교
모두 다르다

다름을 인정하자
다름을 틀린 것이라고 규정지으면
불행의 씨앗이 된다

다름을
폭넓게 인정하고
이해하고
서로 감싸주고
두 손을 마주 잡고
나아갈 때
진정한 화해와 평화가 깃든다

꽃비

벚나무 꽃동굴
향기로운
정겨운 바람이 일렁이면
꽃비가 나비처럼
살랑살랑
내린다

꽃잎을 하직한
떨켜에서는
파아란 새 잎이 탄생한다

세찬 비바람이
몰아치면
떨어지지 않으려고
발버둥치다
억지로 흩날린다

천둥 번개 치고
싸라기 우박이 몰아칠 때
떨켜가 준비되지 않은 꽃잎은
할퀴고 뜯기고
몸통이 깨져도
떨어지지 않고
매달려 있다

생명의 근원을
지키기 위해
끝까지 저항한다

힘든 오늘을 이겨내고
내일을 준비하자고
다짐하면서…

교통사고 후유증

30년 전에
조찬기도 모임에 참석하기 위하여
마포대교를 달리고 있을 때

반대편에서 오던 택시가
삐뚤빼뚤 갈지자로 오기에
바짝 긴장하고 운전

갑자기 중앙선을 넘어와
내 차를 치고 말았다
급하게 브레이크를 밟고 정신 줄을 놓았다

브레이크를 밟는 찰나의 순간
아내 얼굴 딸 얼굴 아들 얼굴이 한꺼번에
떠올라왔다가 '휙' 사라졌다
'사람이 이렇게 죽는 것이구나!'

잠시 뒤에 불빛이 번쩍번쩍하면서
차 문을 두드리는 소리가 어렴풋이 들려
정신을 차려 보니 경찰관이 차 문을 열고 있었다

차 밖으로 나오는데
오른쪽 다리를 쓸 수가 없다
브레이크를 세게 밟으면서 무릎뼈가 부서졌고
안전띠 맨 자국이 시커멓게 멍들었다
몇 달간 치료받고 일 년 뒤 금속 제거 후 완치!

30년 동안 히말라야 준령들을 트레킹 하고
세계 유명 관광지를 수없이 다닐 때 별 불편이 없었는데
최근에는 높은 산 오를 때 약간 부담을 느낀다

교통사고로
이 세상을 하직할 뻔하였으나
운 좋게 살아나 남아 있는 삶은
덤이라는 생각

착하게 살고
이웃에게 사랑을 나누면서
봉사하는 삶을 살자고 또 다짐해 본다.

4·19혁명

하늘과 땅이 진동하였다

부정선거를 다시 하라는 함성이
하늘을 찔렀다

대학생
중고등학생
직장인
심지어 초등학교 학생까지
독재정권의 총부리 앞에서
맞서 싸웠다
186위의 젊은 피가
민주제단에 뿌려졌다

대통령은 하와이로 망명하고
부정선거를 저지른 죄인들은
법의 심판을 받고

위대한 국민의 승리
자유민주주의의 승리
이 땅에는 새로운 세상이 열렸다

아아
자유와 민주 대한민국
영원하여라

김재환 형

재환이 형
나 왔어

꽃 한 송이를 들고
국립 4·19 묘지를 찾아
김재환 형에게 올린다
직장 선배다

전남 완도 출신으로
성균관대학교 1학년
4·19혁명 때 총상을 입었다

총상 후유증으로 고생하시다
마흔둘에 먼저 가셨다
형수님과 어린 세 자녀를 남겨두고

형, 우리가 그렇게 욕했던
이승만 대통령도 독재와 부정선거
잘못한 게 많지만 잘한 것도 많아

대한민국을 세우고
공산군의 침략으로부터
나라를 지켜내고
한미동맹을 맺으며
교육에 힘써서 문맹을 없애고
과학기술을 일으켜 경제의 초석을 다졌어

잘 못한 것 보다
잘한 것이 훨씬 많아

하늘나라에서 만나면
서로 화해하고 잘 지내요

우남 이승만 박사

왜 그리하셨소
어쩌려고 그렇게 하셨소
나는 대통령 할아버지를 좋아했는데
무슨 까닭으로
어린 학생들의 가슴에 총부리를 겨누고
목숨을 빼앗았습니까

야당 후보가 서거하셔서
대통령 당선은 확정되었는데
부통령 때문에 그리된 것 아닌가요
부통령 자리가 뭐 그렇게 중요한가요
수백 명의 젊은 피와 바꿀 수 있는 자리인가요

양반 가문에 태어나셔서
어릴 때는 한학을 배우시고
배재학당에서 신학문을 접하시고
민중이 주인이 되는 나라를 세우려다
옥고를 치르시고
미국에서 조지워싱턴 대학 학사
하버드 대학 석사 프린스턴 대학 박사
일본의 내막 책으로
전 세계인을 깨우쳐 주신 대통령

어려운 여건에서
대한민국을 건국하신 대통령
공산 침략을 막아내시고
한미방위동맹으로 안보를 굳건하게 하시고
학교와 병원을 세워 문맹을 없애고
국민건강을 위하여 힘쓰며
전쟁의 잿더미 위에 과학기술을 일으켜
경제의 초석을 다지신 대통령

어찌하다가
3·15 부정선거를 저질렀습니까

잘못하신 것보다 잘하신 것이 훨씬 많아
오늘도 국립묘지 우남 이승만 대통령 묘소를 찾아
경배합니다

하늘나라에서 영생을 누리소서!

매미

땅속에서 7년 동안
인고의 세월을 견뎌 내고

부활하여
창공을 난다

종족 보존을 위하여
수컷은 임 그리는 노래를 목이 터져라 부르짖을 때
암컷은 아기 포대기를 마련하느라 바쁘다

갓 태어난 아기 매미의 노래를
7년 후에나 듣겠구나

한 달 남짓
종족 보존의 의무를 다하는
영광의 날을 위하여

긴 세월
땅속 어둠 속에서
참고 견디며
이겨내는

너에게
존경과 경외의 마음을 보낸다

껍데기

매미가 나무 위로 올라가
껍데기를 벗고
몸뚱이가 밖으로 나와
날갯짓하고 몸을 말려
푸른 하늘로 날아오른다

껍데기만 남는다
아무것도 남기지 않고
빈 껍질만 남아 있다

나도
이 세상 떠날 때
빈 껍질만 남겨두고 간다

나 떠난 자리에
오물을 남기지 말고
은은한 향기가 나는
향수병 하나 두고 떠나야겠다

제3부 대차대조표

동창생
친구
가족사진
손익계산서
대차대조표
묘비명
종점
멋진 동생을 보내며
골퍼의 꿈
등산학교 졸업
80에 쓰는 참회록
세쿼이아
실종된 이웃
돈

동창생

어릴 적 짝꿍
지금도 만나면
편하다

누가 먼저 갈지
모른다

언젠가는
헤어져야겠지
헤어질 준비를 해야지

다시 또 만나야지

친구

멋진 놈
잘생긴 모습
아름다운 목소리

도서관에서
밤늦게까지 공부하고
캠퍼스를 거닐며
남몰래 흐르는 눈물
아리아를 열창하던 친구여

월남 전쟁터에서도
멀쩡하게 살아나온 너

고엽제 후유증으로
피부암을 앓던 너
기어이 가버렸구나

사랑하는 아내와
아들딸만 남겨두고
서울 국립현충원
충혼 묘역에 잠들어 있다
조국의 앞날을 걱정하면서

부디 편히 쉬어라
우리나라 대한민국은
남아 있는 너의 벗들이
목숨 걸고 지킬 게
좀 있다가 하늘나라에서 만나자

가족사진

희미한 흑백사진
할아버님 회갑 때 찍은 사진
할아버지 할머니 아버지 어머니
삼촌 고모들
누나 사촌 형제들

그 당시 어른들은
모두 하늘나라로 가셨다

지난여름
우리 직계 가족만 찍은 가족사진
나와 처 딸 사위 외손녀
아들 며느리 손자 손녀
모두 아홉 식구
멕시코 칸쿤에서
푸른 바다를 배경으로 찰칵

나는 딴 욕심은 없다
내 딸 아들
사위 며느리
외손녀 손자 손녀
이놈들이 두 손 활짝 펴고
푸른 하늘
훨훨 날기를 바랄 뿐이다

하나님의 보살핌 속에서
건강하게!

손익계산서

내 나이 여든하나
꽤 오래 살았다
이제 갈 날이 머지않았으니
내 인생 결산 준비를 하여야겠다

먼저 손익계산서부터 작성한다
계량 단위는 은혜와 사랑의 질과 양이다

오른쪽에는
부모 친척 친지로부터 받은 사랑과 은혜
나를 위하여 쓰인 사회적 비용을 적고

왼쪽에는
남을 도와준 것
남에게 사랑과 은혜를 베푼 것을 적어서

왼쪽에 적힌 수량이
오른쪽에 적힌 수량보다
얼마나 더 큰가 따져본다

온 힘을 다하여
왼쪽 수량 키우고
오른쪽 적힌 수량
줄여나가야겠다.

대차대조표

내 인생 결산 대차대조표를 작성한다

오른쪽에는
금전적 빚
하나님으로부터 받은 은혜와 사랑
부모 친척에게 받은 은혜와 사랑
남에게 받은 은혜와 사랑을 적시하고

왼쪽에는
물질적 금전적 자산
내가 베푼 사랑과 혜택
준비된 인격 수련을 적는다

오른쪽에 적힌 빚보다
왼쪽에 적힌 자산이 많아지도록
지금부터라도 베풀면서
그날을 준비해야겠다.

묘비명

사람답게
살기 위하여
무던히 애쓴 사람

여기에
아무 소리 없이
잠들어 있다

종점

시간과 공간에는
시작이 있고
끝이 있다

나도 이제
종점 가까이
다가와 있다

마무리를
야무지게
잘해야지.

멋진 동생을 보내며

외사촌 동생이 먼저 갔다

차가운 이마에
두 손을 얹고

잘 가소
또 만나세

나와는
중학교 3년을
한방에서 지냈는데,

군대 생활 21년
육군 중령
태권도 3단
건강미 넘치는 미남 장교

멋쟁이 동생이
먼저 떠나갔다

대전 국립현충원
충혼관에 고이 모셔졌다

골퍼의 꿈

겨우내 갇혀 지내다 모처럼 라운딩한다
6개월 만에…

첫 홀 파5
힘 빼고 마음을 비우고 드라이브 샷
꽤 멀리 날아갔다 페어웨이 중앙에 안착

세컨드 샷
욕심이 난다
힘껏 내리친다.
에그 타핑
50미터밖에 못 나갔다

힘 빼고 마음을 비우고 부드럽게 써드 샷
그린 주변에 안착

네 번째 샷
약간 길어서 홀컵 지나서
에이프런에 멈춘다

파펏 시도 다섯 번째 샷
홀컵을 지나간다

쉬운 홀에서 파를 놓치고
보기를 범한다

골퍼에게는 꿈이 있다
홀인원, 이글, 싱글 핸디캐퍼, 에이지슈터

비거리가 줄어
싱글을 시도하기에는 어려울 것 같다
건강을 잘 유지하면
에이지 슈터는 가능하지 않을까

내일도 건강한 몸으로
에이지슈터 꿈을 꾸면서 골프장으로

등산학교 졸업

산을 좋아한다
산을 잘 탄다
많은 산을 올랐다
어떤 산은 수차례를 오르기도 하였다

서울 근교 북한산 도봉산 관악산에서 시작하여
북한에 자리한 백두산 금강산까지
소문난 산행은 거의 마치고 또 올라갔다
이름을 대기조차 힘들 정도다.

네팔 에베레스트 베이스캠프
칼라파타르 5,550미터 가장 높게 올라간 높이
안나푸르나 베이스캠프 푼힐전망대 등
중국 태산 실크로드 장가계 등
러시아 바이칼 호수 등
북미에도 럭키산맥 알라스카 칸쿤 등
남미 이과수 폭포 쿠스코 마추피추 등
오세아니아 시드니 뉴질랜드 서던 알프스 등
아프리카 테이블마운틴 빅토리아폭포 등
유럽 노르웨이 피오르해안 나폴리 폼페이 유적 등
비교적 여러 곳을 다니고 산도 많이 올랐다

엊그제
직장 동우회에서 주관하는 월악산 제비봉을 다녀왔다
721미터 별로 높지 않다
별 부담 없으리라 예상하고 산행을 시작하였다
초입부터 오르막 계단이 이어졌다
직장 후배의 도움을 받으며 계단을 힘들게 올라갔다

2년 전부터 산행을 거의 하지 않다가 오르니
다리에 힘이 없어 정상까지 오르는 것은 무리였다
정상 공격을 포기하고 내려오면서
충주호와 옥순봉 구담봉을 감상하면서 즐겼다
멋진 풍경이다

이제 힘들고
어려운 코스 산행은 자제해야겠다
다리 힘이 풀려 넘어질 수 있다
등산학교 졸업하고
완만하고 쉬운 길로 트레킹을 즐겨야겠다

80에 쓰는 참회록

만 나이로 80이다
어떻게 살아왔고
무엇을 꿈꾸고 살아왔는가
무엇을 잘하였는가
무엇을 못 하였는가

자유
몸 마음 영혼의 자유를 추구한다

정의
바르게 살아야 한다
거짓은 어떠한 이유로도 배격한다

사랑
모든 사람을 아끼고 감싸 준다
특별히 약자를 보듬고 베푼다

저항
강한 자 불의한 사람에게 저항하고
약한 자를 돌본다

살다 보니
불의에 타협하는 일이 있었고
강자에 굽신거리고 약자를 외면하고
감정적으로 못되게 구는 일도 있었다

계획 단계 준비 부족
일을 계획할 때 철저한 분석과 준비
제대로 하지 못하고

작심삼일
중요한 일을 정해 놓고 며칠 못 가서
흐지부지 실천하지 못하는 일이 헤아릴 수 없고

추진력 부족
이쪽저쪽 기웃거리다
추진력을 잃게 되고

성과 분석 부족
이루어진 결과물을 철저한 분석을 통하여
개선점을 찾아 보완해 나가는 태도가 필요하다

세쿼이아

요세미테 공원에 널찍하게
자리잡고 있는 세쿼이아 나무들
키는 90미터가 넘고
밑둥치의 둘레는 20미터가 넘고
발치에 난 구멍으로 자동차가 지나갈 수 있고
나이는 3,000살이 넘었다

어떻게 이렇게
키 크고 덩치 크고
오래 사느냐고 물었다

돌아온 답변은
모든 게 산불 때문이란다

산불이 나면
뜨겁고 고통스럽지만
이 고통을 참고 이겨내면

주변의 잡초를 태우고
나무를 휘감고 있는 덩굴들을 태우고
해충을 태워 죽이기 때문이란다

실종된 이웃

아파트에 살고 있다
옆집도, 바로 아랫집도
20년 이상 같이 산다

작년 말 아랫집 아들을 오랜만에
엘리베이터에서 만났다
아버지가 편찮으시다는 얘기를 들은 바 있어
아버지 안부를 물었다
작년 연초에 돌아가셨단다
전연 모르고 있었다

앞집 주인도 엘리베이터에서 자주 만나는데
가벼운 인사만 나누고 속사람은 서로 모른다

서울 생활이 다 이런 것 같다
더 좀 자주 만나 대화를 나누면서
서로를 이해하며 살아갈 수는 없을까

급한 일이 생기면 우선 앞집 아랫집 윗집
비상벨을 누를 텐데…
아쉬울 뿐!

돈

돈은 요술 방망이다
뚝딱 두드리면 모든 게 나온다
먹을 것 입을 것 살 집
무엇이든 나온다

돈은 자유다
돈이 있어 사람들은 얼마나 자유스러운가
돈이 없을 때는 대다수 국민들은 노예처럼 살았고
소수의 권력자만 배부르게 살았다
돈이 있어 일반 농민 상공인들이 돈을 모아
권력을 쟁취할 수 있었다

돈은 죄가 없다
그런 데도 사람들은 돈 때문에
욕을 하기도 하고
욕을 먹기도 한다
특별히 우리나라에서는 돈 많은 사람을
좋지 않게 평가하는 일이 많다
돈이 무슨 죄가 있나

깨끗하고 가난한 것도 덕목이 되겠지만
깨끗한 부자가 되어
남에게 도움을 주며 살면
더욱 좋지 않을까

깨끗한 부자를 꿈꾸며…

 **맺음말**

박종규 시인 목사님의 지도로
제 첫 시집 『80에 쓰는 참회록』"을 낼 수 있다니
무한 기쁩니다.

한편,
많이 부족하다고 생각하니
부끄럽기 그지없습니다.

앞으로는 더욱 열심히 공부해서
시다운 시를 쓰도록 노력하겠습니다.

이 시집이 나오기까지 바쁘신 시간에도
끝까지 애써주시고 지도를 아끼지 않으신
박종규 시인 목사님께 감사드립니다.

옆에서 뒷바라지해 준 친구이자 아내인
박현숙 여사에게 진심으로 고맙다는
인사를 드립니다.

2025년 7월 6일

傘壽를 맞으며

시인 **임 진 영**

80에 쓰는 참회록

초 판 인 쇄	2025년 07월 02일
초 판 발 행	2025년 07월 08일
지 은 이	임진영
발 행 처	다담출판기획 TEL : 02)701-0680
	서울시 영등포구 영신로30길 14, 2층
편 집 인	박종규
등 록 일	2021년 9월 17일
등 록 번 호	제2021-000156호
I S B N	979-11-93838-52-5 03800
가 격	15,000원

본 책은 지은이의 지적재산이므로 무단전재와 복제를 금합니다.